Neue Laternen für Mädchen

Ein Ereignis, auf das sich alle Kinder freuen, ist der Laternenumzug zu Sankt Martin. Dafür muss natürlich die ganz persönliche Lieblingslaterne gefunden werden.

Und weil sich Mädchen für ganz andere Motive begeistern können als Jungs, finden Sie in diesem Buch eine große Auswahl an Laternen nur für Mädchen: Glitzernd und funkelnd in Rosa und Pink treffen diese Laternen genau den Geschmack kleiner Prinzessinnen und Balletttänzerinnen, Tierfreundinnen und Träumerinnen.

Da werden Mädchen nicht nur Freude beim Laternenumzug haben, sondern auch mit Feuereifer beim Basteln mithelfen. Viel Spaß dabei!

Birgit Karl   Gudrun Schmitt

Die Motive lassen sich in folgende Schwierigkeitsgrade unterteilen:

● ○ ○ einfach ● ● ○ etwas schwieriger ● ● ● anspruchsvoll

GRUND-AUSSTATTUNG

Folgende Materialien und Werkzeuge werden für die meisten im Buch gezeigten Modelle benötigt. Sie werden in den einzelnen Materiallisten nicht mehr aufgeführt:

- Transparentpapier
- Pappe (für Schablonen)
- Bleistift
- Radiergummi
- Cutter mit geeigneter Schneideunterlage
- Lineal
- Zirkel
- Schere
- Nagelschere
- Zackenschere
- wasserfester Filzstift in Schwarz
- Lackmalstift, Plusterfarbe oder Windowcolor-Konturenfarbe in Weiß
- Buntstift in Rot
- Pinsel
- Serviettenkleber
- Heißkleber
- Alleskleber, z. B. UHU
- Zange (zum Biegen der Laternendrähte)
- batteriebetriebene Laternenstäbe oder Kerzen mit entsprechender Halterung

Hinweis: Als „Rest" wird immer ein Stück bezeichnet, das kleiner als A5 ist.

So wird's gemacht

Motiv-Laternen

1 Das Transparentpapier auf die Vorlage legen und die Konturen mit Bleistift übertragen. Anschließend das Transparentpapier auf ein Stück Pappe kleben und ausschneiden. Die fertige Schablone auf das gewünschte Material legen und die Umrisse mit einem Bleistift umfahren. Anschließend sorgfältig entlang der Linien ausschneiden. Für gerade Schnitte empfiehlt es sich, einen Cutter auf geeigneter Schneideunterlage zu benutzen. Abgerundete Formen mit einer kleinen Nagelschere zurechtschneiden.

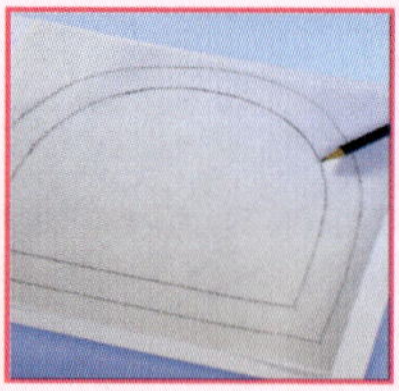

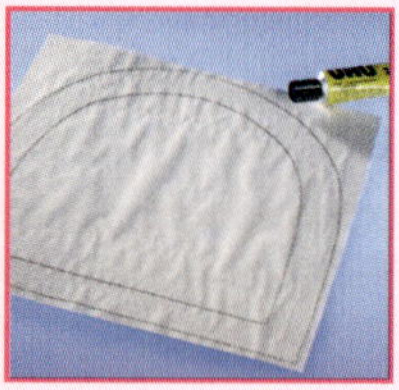

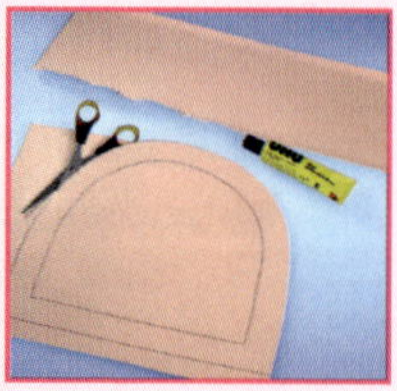

Wichtig: Die durchscheinenden Motivteile (aus Windradfolie oder Transparentpapier) immer ein wenig größer (ca. 5 mm) als den Motivausschnitt zuschneiden.

Seitenteile, die nicht achsensymmetrisch sind, müssen einmal spiegelverkehrt gearbeitet werden.

2 Die Einzelteile bemalen und zusammenkleben. Die Gesichter mit einem wasserfesten schwarzen Filzstift aufmalen. Für die Lichtpunkte in den Augen Lackmalstift, Plusterfarbe oder Windowcolor in Weiß verwenden. Zum Röten der Wangen mit einem Cutter Späne von einem roten Buntstift abschaben, mit dem Finger aufnehmen und auf das Gesicht reiben.

3 Den Mittelstreifen der Laterne mit einem Cutter gemäß den Angaben ausschneiden. Ca. 7 mm von beiden Rändern entfernt mit dem Cutter einen Randstreifen leicht einritzen. Auf diesem anschließend Zacken bis zur Linie einschneiden und umknicken (siehe Skizze unten). Nun Stück für Stück zurechtbiegen und mit Heißkleber zwischen die Seitenteile kleben. Die Ansatzpunkte für den Mittelstreifen sind auf der Vorlage mit einem Pfeil (⟼) gekennzeichnet.

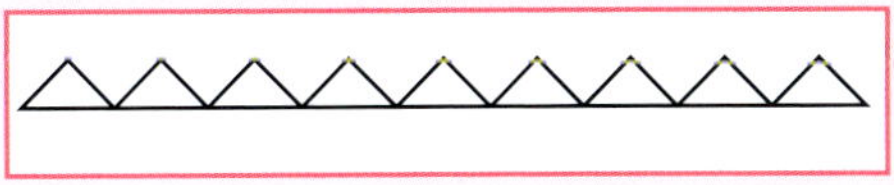

4 Vor dem Anbringen des Laternenbügels die Laterne zwischen den Fingern ausbalancieren. Den Mittelstreifen der Laterne oben auf beiden Seiten mit dem Cutter oder Zirkel durchstechen, den Laternenbügel durchziehen und die Enden an den Innenseiten umknicken. Bei einigen Laternen ist die Aufhängung aus Papierdraht, da die Laternen sehr breit sind. Diesen in die gestochenen Löcher stecken und verdrehen.

5 Zur Beleuchtung der Laterne eine Kerzenhalterung mittig am Laternenboden anbringen. Hierzu mit einem Cutter kleine Schlitze in den Laternenboden stechen, die Kerzenhalterung durchziehen und die Enden auf der Außenseite der Laterne umbiegen. Als sicherere Alternative die Laterne mit einem elektrischen Laternenstab beleuchten.

Hinweise: Bei einigen Laternen wurden Laternenschachteln verwendet. Diese bestehen aus einem Boden- und einem Oberteil. Um diese herum wird die Windradfolie geklebt. Zum Anbringen des Laternenbügels auf zwei gegenüberliegenden Seiten in die Mitte des Schachtelrandes mit dem Cutter ein Loch stechen.

Da bei manchen Laternen der Boden zu uneben ist, ist es empfehlenswert, anstatt einer Kerze mit Halterung einen elektrischen Laternenstab zu verwenden. Außerdem schützt diese Alternative vor Brandgefahr und allzu häufig ausgehenden Lichtern! Zudem lässt sich die Laterne so auch nach dem Laternenlauf das ganze Jahr über z. B. als Nachtlicht im Kinderzimmer verwenden.

Bei vielen Laternen reicht es, wenn Sie nur eine Seite komplett gestalten. Die ohnehin kaum sichtbare Rückseite kann schlichter gearbeitet werden.

Ballon-Laternen

1 Das Seidenpapier in ca. 5 cm x 5 cm große Stücke reißen. Den aufgeblasenen Luftballon mit Kleister einstreichen. Die Seidenpapierstücke in mehreren Schichten daraufkleben. Ca. einen Tag lang trocknen lassen.

2 Den Ballon mit einer Nadel aufstechen. Die Öffnung der Laterne mit einer kleinen Schere den jeweiligen Angaben gemäß zuschneiden und die Reste des Ballons herauslösen. Dann an zwei gegenüberliegenden Stellen mit dem Cutter oder Zirkel ein Loch stechen und den Bügel oder Draht anbringen.

Schäfchen

→ mit Ringelsocken

MOTIVHÖHE
ca. 42 cm

MATERIAL

- Fotokarton in Rosa, 50 cm x 70 cm
- Fotokartonstreifen in Rosa, 62 cm x 14 cm
- Fotokarton in Hautfarbe und Lila, A4
- Fotokartonreste in Weiß und Schwarz
- Windradfolie, 0,2 mm stark, A3
- Strohseide in Weiß, A3
- Chenilledraht in Hautfarbe, ø 0,7 cm, 4 x 4 cm lang
- 14 Pompons in Weiß, ø 1 cm
- Laternenbügel

VORLAGEN-BOGEN 1A

1 Das Seitenteil, die Windradfolie und die Strohseide doppelt, die Socken viermal, alle übrigen Teile einmal ausschneiden. Die Strohseide mit Serviettenkleber auf die Windrandfolie aufziehen und trocknen lassen.

2 Die Seitenteile mit der Folie hinterkleben und alle anderen Teile zusammenfügen. Mund und Nase aufmalen. Wangen, Nase und Ohren des Schäfchens röten. Die Socken mit Plusterfarbe oder Windowcolor-Konturenfarbe in Weiß bemalen und trocknen lassen.

3 Den Chenilledraht rückseitig an die Seitenteile kleben und die Socken daran befestigen. Den Kopf und die Pompons aufkleben.

4 Die Seitenteile mit dem Mittelstreifen (62 cm x 14 cm) verbinden und den Laternenbügel einhängen.

Prinzessin und Ballerina

→ Mädchenträume

MOTIVHÖHE
Prinzessin ca. 33 cm
Ballerina ca. 41 cm

MATERIAL
PRINZESSIN

- Laterne in Pink und mit Crashoptik, ø 12,5 cm, ca. 18 cm hoch
- Fotokartonreste in Glitzerrosa, Glitzerweiß, Gelb, Hautfarbe, Weiß, Schwarz und Hellgrün
- Motivlocher: Herz (0,7 cm x 1,2 cm)
- 2 Wattekugeln in Weiß, ø 2 cm
- Acrylfarbe in Hautfarbe

BALLERINA

- Laternenschachtel, ø 11 cm
- Windradfolie, 0,2 mm stark, 38 cm x 16 cm
- Strohseide in Rosa und Pink, 38 cm x 16 cm
- Fotokarton in Rosa, A3
- Fotokarton in Glitzerweiß, Hautfarbe und Gelb, A4
- Krepp-Papier in Weiß, 70 cm x 10 cm
- Tüll in Flieder, 90 cm x 13 cm (Rock) und 44 cm x 6 cm (Schleife)
- Satinband in Weiß, 3 mm breit, 2 x 28 cm lang
- Motivlocher: Herz (0,7 cm x 1,2 cm)
- Laternenbügel

VORLAGENBOGEN 1B + 2A

Prinzessin

1 Alle Teile aus Fotokarton ausschneiden, mit Bunt- und Filzstift gestalten und zusammenkleben. Die Motive auf der Laterne befestigen.

2 Die Wattekugeln mit Acrylfarbe bemalen. Zusammen mit zwölf Herzen aus rosafarbenem und weißem Glitzerkarton auf der Laterne befestigen.

Ballerina

1 Die Strohseide mit Serviettenkleber auf die Windradfolie aufziehen. Vier Streifen aus pinkfarbener Strohseide (38 cm x 1 cm) zuschneiden und im Abstand von 2,5 cm auf die Windradfolie kleben.

2 Alle Teile aus Fotokarton ausschneiden. Das Gesicht aufmalen, Wangen und Nase röten. Alle Teile zusammenfügen.

3 Für den Rock das Krepp-Papier und den doppelt gelegten Tüll am oberen Rand zusammenkleben, raffen und an der Laterne befestigen. Den Gürtel mit dem Herz über den Ansatz des Rocks kleben.

4 Den Kragen und den Tüll mit ausgestanzten Herzen verzieren und die Satinbänder durch die Schuhe fädeln. Alle Motive wie auf dem Foto anbringen. Die Tüllschleife in das Haar binden und den Laternenbügel einhängen.

Hexe

→ mit Hut und Besen

MOTIVHÖHE
ca. 48 cm

MATERIAL
- Fotokarton in Lila, 50 cm x 70 cm
- Fotokartonstreifen in Lila, 44 cm x 14 cm
- Fotokartonreste in Schwarz, Gelb, Hautfarbe, Rot, Braun und Beige
- Windradfolie, 0,2 mm stark, A3
- Strohseide in Hellgrün, A3
- Motivlocher: Spirale (ø 2 cm)
- Laternenbügel

VORLAGENBOGEN 2A

1 Das Seitenteil, die Strohseide und die Windradfolie doppelt, alle anderen Teile einmal ausschneiden. Die Strohseide mit Serviettenkleber auf die Windradfolie aufziehen. Nach dem Trocknen die Seitenteile damit hinterkleben.

2 Das Gesicht bemalen, Wangen und Nase rot schattieren. Für die Beine 3 mm breite Streifen aus rotem Fotokarton zuschneiden und wie auf dem Foto aufkleben. Acht Spiralen ausstanzen und beide Seitenteile damit verzieren. Alle restlichen Teile zusammenkleben und an einem Seitenteil anbringen.

3 Die Seitenteile mit dem Mittelstreifen (44 cm x 14 cm) verbinden und den Laternenbügel einhängen.

Pony und Bär

→ fein herausgeputzt

MOTIVHÖHE
Pony ca. 41 cm
Bär ca. 20 cm

MATERIAL

PONY

- Fotokarton in Beige, 50 cm x 70 cm
- Fotokartonstreifen in Beige, 65 cm x 15 cm
- Windradfolie, 0,2 mm stark, A3
- Strohseide in Beige, A3
- Fotokarton in Braun, A3
- Fotokarton in Glitzerrosa, A4
- Transparentpapierrest in Rosa
- Motivlocher: Blume (ø 2,7 cm) und Kreis (ø 1,2 cm)
- Tüll in Weiß, 18 cm x 12 cm
- Basteldrahtrest in beliebiger Farbe
- Kordel in Rosa, ø 2 mm, 12 cm lang
- 2 Holzperlen in Rosa, ø 1 cm
- Windowcolor-Konturenfarbe in Schwarz
- 16 Strasssteine, klar, ø 5 mm
- Laternenbügel

BÄR

- Wellpappe in Pink, 50 cm x 70 cm
- Fotokartonstreifen in Pink, 50 cm x 12 cm
- Transparentpapier in Rosa, 50 cm x 70 cm
- Fotokartonreste in Rosa, Pink und Schwarz
- Schleifenband mit aufgenähten Pailletten in Rosa, 3 cm breit, 50 cm lang
- Zierdraht in Silber, 20 cm lang
- Papierdraht in Rot, 30 cm lang

VORLAGENBOGEN 1B + 3B

Pony

1 Alle Teile doppelt ausschneiden. Die Strohseide mit Serviettenkleber auf die Windradfolie aufziehen und gut trocknen lassen. Die Seitenteile damit hinterkleben.

2 Die anderen Motive auf die Seitenteile kleben und das Gesicht gestalten. Je 13 Blumen und Kreise ausstanzen und die Mähne damit verzieren.

3 Den Tüllstreifen zu einer Schleife legen und in der Mitte mit dem Basteldraht zusammenbinden. Die Kordel mit zwei aufgezogenen Holzperlen um die Schleife binden und eine ausgestanzte Blume aufkleben. Die Strasssteine auf die Krone kleben.

4 Die Seitenteile mit dem Mittelstreifen (65 cm x 15 cm) verbinden und den Laternenbügel einhängen.

Bär

1 Das Seitenteil und das Transparentpapier doppelt, alle anderen Teile gemäß Vorlage ausschneiden. Die Seitenteile mit Transparentpapier hinterkleben.

2 Die Innenohren auf die Ohren kleben und von hinten am Bärenkopf befestigen. Die Nase auf die Schnauze kleben und diese ebenfalls anbringen. Die Augen ergänzen. Das Gesicht bemalen und die Wangen und Ohren rot schattieren. Mit Zierdraht die Schleife binden und dem Bären ans Ohr kleben. Die Rückseite der Laterne nicht gestalten.

3 Die Seitenteile mit dem Mittelstreifen (50 cm x 12 cm) verbinden und den Laternenbügel einhängen.

Eule

→ kann zaubern

MOTIVHÖHE
ca. 39 cm

MATERIAL
- Fotokarton in Beige, 50 cm x 70 cm
- Fotokartonstreifen in Beige, 50 cm x 14 cm
- Fotokartonreste in Weiß, Gelb, Schwarz und Hellblau
- Windradfolie, 0,2 mm stark, A3
- Strohseide in Weiß, A3
- Windowcolor in Glitzersilber
- 4 Federn in Weiß, 5 cm lang
- Laternenbügel

VORLAGENBOGEN 3A

1 Das Seitenteil, die Windradfolie und die Strohseide doppelt, alle anderen Teile einmal zuschneiden. Die Strohseide mit Serviettenkleber auf die Windradfolie kleben und trocknen lassen. Die Zacken einschneiden, etwas nach oben biegen und mit Windowcolor in Glitzersilber die Konturen nachzeichnen. Die Seitenteile mit der Windradfolie hinterkleben.

2 Die Wangen der Eule röten, auf den Kragen weiße Punkte auftupfen und den oberen Teil des weißen Zauberstabs mit Windowcolor bemalen. Alle Teile zusammenfügen. Den Zauberstab auf den Flügel kleben, diesen umbiegen und fixieren. Unter dem Kragen die Federn befestigen und den Kopf anbringen.

3 Die Seitenteile mit dem Mittelstreifen (50 cm x 14 cm) verbinden und den Laternenbügel einhängen.

Georg und Gesine

→ zwei kleine Gespenster

MOTIVHÖHE
ca. 40 cm

MATERIAL
GEORG

- Fotokarton in Weiß, 50 cm x 70 cm
- Fotokartonstreifen in Weiß, 35 cm x 12 cm
- festes Transparentpapier in Regenbogenfarben (Blau-Grün-Verlauf), A4
- Fotokartonreste in Schwarz und Rot
- Baumwollstoff in Blau-Weiß gestreift, 50 cm x 50 cm
- Schleifenband in Türkis, 5 cm breit, 60 cm lang
- Papierdraht in Weiß, 3 x 5 cm und 30 cm lang

GESINE

- Fotokarton in Weiß, 50 cm x 70 cm
- Fotokartonstreifen in Weiß, 35 cm x 12 cm
- festes Transparentpapier mit Blümchenmuster in Lavendel, A4
- Fotokartonrest in Schwarz
- Gardinenstoff mit Blümchenstickerei in Weiß, 50 cm x 50 cm
- Satinschleife in Dunkellila, 2,5 cm breit, 60 cm lang
- Papierdraht in Weiß, 3 x 8 cm und 30 cm lang

VORLAGENBOGEN 3B

1 Alle Teile gemäß Vorlage zweimal zuschneiden. Die Seitenteile mit Transparentpapier hinterkleben. Augen und Nase aus Fotokarton anbringen und das Gesicht mit Bunt- und Filzstift gestalten.

2 Die Seitenteile mit dem Mittelstreifen (35 cm x 12 cm) verbinden und den Laternenbügel aus Papierdraht einhängen. Für das Gespenst Georg die drei Papierdrahtstücke von hinten am Kopf fixieren und etwas verbiegen. Für Gesine die Papierdrahtstücke zu Locken formen.

3 Ein Fotokartonstück (20 cm x 5 cm) an der Oberseite mit einem 1 cm tiefen Zackenrand versehen. Anschließend zu einem Ring zusammenfügen und als Hals ankleben.

4 In den Stoff mittig ein Kreuz einschneiden und diesen über den Hals des Gespenstes streifen. Mit Klebstoff fixieren und mit dem Schleifenband schmücken.

Sterntaler

→ unerwarteter Reichtum

MOTIVHÖHE
ca. 38 cm

MATERIAL
- Fotokarton in Flieder, 50 cm x 70 cm
- Fotokartonstreifen in Flieder, 50 cm x 14 cm
- Windradfolie, 0,2 mm stark, A3
- Strohseide in Flieder, A3
- Fotokarton in Gelb und Hautfarbe, A4
- Fotokartonrest in Weiß
- Hologramm-Folienrest in Gold
- Motivlocher: Stern (ø 0,9 cm und ø 1,5 cm)
- Laternenbügel

VORLAGENBOGEN 4A

1 Das Seitenteil, die Windradfolie und die Strohseide doppelt, alle anderen Teile einmal ausschneiden. Die Strohseide mit Serviettenkleber auf die Windradfolie aufziehen und trocknen lassen. Das Seitenteil damit hinterkleben. Das Gesicht bemalen, Wangen und Nase röten. Alle Teile zusammenfügen und an einem Seitenteil befestigen.

2 Die Seitenteile mit dem Mittelstreifen (50 cm x 14 cm) verbinden und den Laternenbügel einhängen.

Indianerin

→ kleine Squaw

MOTIVHÖHE
ca. 41 cm

MATERIAL
- Laternenschachtel, ø 15 cm
- Windradfolie, 0,2 mm stark, 27 cm x 52 cm
- Strohseide in Rot und Hellgrün, A3
- Fotokarton in Olivgrün, Gelb und Orange, A3
- Fotokarton in Braun, Hautfarbe, Schwarz und Rot, A4
- je 1 Feder in Schwarz und Gelb, 10 cm lang
- je 1 Feder in Rot, Orange und Blau, 4 cm lang
- Plusterfarbe oder Windowcolor in Rot
- Laternenbügel

VORLAGENBOGEN
2B + 4A

1 Die Windradfolie, die Strohseide und die Fotokartonteile ausschneiden.

2 Die Windradfolie mit einem Streifen rote Strohseite (52 cm x 10 cm) und einem Streifen hellgrüne Strohseide (52 cm x 17 cm) bekleben und gut trocknen lassen. Die grüne Strohseide mit roter Plusterfarbe oder Windowcolor in Rot linieren und den Gürtel wie auf dem Foto gestalten und anbringen. Die Windradfolie um die Laternenschachtel kleben und die olivgrünen Abschlüsse ergänzen.

3 Die Fotokartonteile mit Plusterfarbe oder Windowcolor in Rot und Weiß bemalen und das Gesicht gestalten. Das Stirnband und den Tomahawk rückseitig mit Federn versehen. Alle Teile zusammenkleben, auf der Laterne anbringen und den Laternenbügel einhängen.

Eisbär und Elefant

→ sympathische Zeitgenossen

MOTIVHÖHE
Eisbär ca. 33 cm
Elefant ca. 25 cm

MATERIAL
EISBÄR
- Fotokarton in Weiß, 50 cm x 70 cm
- Fotokartonstreifen in Weiß, 50 cm x 12 cm
- Fotokartonreste in Lila, Türkis und Rosa
- festes Transparentpapier mit Schneeflocken in Blau, A3
- Laternenbügel
- Klebepads

ELEFANT
- Luftballon
- Transparentpapier in Hellblau, 2 x A2
- Tonpapier in Hellblau, 50 cm x 70 cm
- Buntstift in Blau
- Laternenbügel
- Tapetenkleister
- UHU kraft

VORLAGEN-BOGEN 3B + 4A

Eisbär

1 Alle Teile gemäß Vorlage doppelt ausschneiden. Die beiden Seitenteile mit Transparentpapier hinterkleben.

2 Die Schnauze und die Nase mit Klebepads am Kopf fixieren. Das Gesicht wie auf dem Foto bemalen und die Wangen und Ohren rot schattieren. Die Füße, den Kopf und die Arme mit dem Fisch befestigen.

3 Die Seitenteile mit dem Mittelstreifen (50 cm x 12 cm) verbinden und den Laternenbügel einhängen.

Elefant

1 Den Tapetenkleister anrühren und ziehen lassen. In der Zwischenzeit das Transparentpapier in ca. 3–5 cm große Stücke reißen. Den Luftballon bis zu einer Höhe von 25–30 cm aufblasen.

2 Die Transparentpapierstücke in mehreren Schichten gleichmäßig mit dem Kleister um den Ballon kleben. Darauf achten, dass alle Stücke gut durchnässt werden. Trocknen lassen. Den Ballon zerstechen und den Rand mit der Schere begradigen.

3 Aus dem Fotokarton zwei Streifen (70 cm x 5 cm) schneiden, im 90°-Winkel zusammenkleben und abwechselnd übereinanderfalten. Auf die so entstandene Hexentreppe zwei Nasenlöcher aufmalen. Den Rüssel mittig auf den Kopf des Elefanten kleben. Augen und Mund mit Filzstift ergänzen.

4 Zwei Tonpapierohren anfertigen, einschneiden und etwas versetzt wieder zusammenkleben. Mit Buntstift schattieren und mit Kraftkleber am Elefantenkopf fixieren.

5 Zwei Löcher für den Laternenbügel stechen und diesen befestigen.

Zauberin

→ Simsalabim!

MOTIVHÖHE
ca. 47 cm

MATERIAL

- Fotokarton in Mittelblau, 50 cm x 70 cm
- Fotokartonstreifen in Mittelblau, 56 cm x 14 cm
- Windradfolie, 0,2 mm stark, A3
- Strohseide in Blau, A3
- Fotokarton in Rot, Hautfarbe und Gelb, A4
- Fotokartonreste in Schwarz, Weiß und Rosa
- Hologramm-Folie in Gold, A5
- Windowcolor in Glitzergold
- Motivlocher: Stern (ø 1,5 und 2,5 cm)
- Laternenbügel

VORLAGENBOGEN 4B

1 Das Seitenteil, die Windradfolie und die Strohseide doppelt, alle anderen Teile einmal ausschneiden. Die Strohseide mit Serviettenkleber auf die Windradfolie aufziehen. Nach dem Trocknen hinter die Seitenteile kleben.

2 Das Gesicht der Zauberin und des Hasen bemalen, Wangen und Nase röten. Die Motive wie auf dem Foto abgebildet mit Windowcolor in Glitzergold verzieren. Die Hologramm-Folie auf Fotokarton von beliebiger Farbe kleben und die Sterne für den Zauberstab und den Hut ausstanzen bzw. ausschneiden. Die obere Hälfte des Zauberstabs ebenfalls mit Hologramm-Folie bekleben.

3 Am gelben Saum des Kleids mit der Zackenschere entlangschneiden. Alle Teile zusammenfügen und auf einem Seitenteil befestigen.

4 Die Seitenteile mit dem Mittelstreifen (56 cm x 14 cm) verbinden und den Laternenbügel einhängen.

Sonnenblume und Apfel

→ für kleine Gärtnerinnen

MOTIVHÖHE
Sonnenblume ca. 26 cm
Apfel ca. 24 cm

MATERIAL SONNENBLUME

- Fotokarton in Gelb und Braun, je 50 cm x 70 cm
- Fotokartonstreifen in Braun, 35 cm x 12 cm
- Transparentpapier in Orange, A3
- Fotokartonrest in Hellgrün
- Textilschmetterling in Pink, 3,5 cm x 4 cm
- Papierdraht in Hellgrün, 30 cm lang
- Filzstifte in Orange, Grün und Braun

APFEL

- Fotokarton in Rot, 50 cm x 70 cm
- Fotokartonstreifen in Rot, 53 cm x 12 cm
- Transparentpapier in Gelb, 50 cm x 70 cm
- Fotokartonreste in Hellgrün, Braun, Grau und Rosa
- 2 Pompons in Rosa, ø 8 mm
- Papierdraht in Hellbraun, 2 x 13 cm lang, und in Rot, 42 cm lang
- Filzstifte in Grün und Braun
- Klebepads

VORLAGENBOGEN 1A + 1B

Sonnenblume

1 Alle Teile mit Ausnahme des Blattes zweimal ausschneiden. Die Seitenteile mit Transparentpapier hinterkleben. Auf der Blüte jeweils einen braunen Ring anbringen. Die Blüte mit Filzstift gestalten.

2 Das Blatt verzieren und von hinten an einem der Seitenteile fixieren. Den Schmetterling ergänzen.

3 Die Seitenteile mit dem Mittelstreifen (35 cm x 12 cm) verbinden und den Laternenbügel einhängen.

Tipp: Sie können auf das Transparentpapier zusätzlich echte Sonnenblumenkerne kleben!

Apfel

1 Alle Teile gemäß Vorlage zweimal ausschneiden. Die Seitenteile mit Transparentpapier hinterkleben. Blatt und Stiel mit Klebepads am Apfel befestigen und mit Filzstift verzieren.

2 Die Mäuseohren mittig einschneiden, etwas versetzt wieder zusammenkleben und auf den Mäusen fixieren. Den hellbraunen Papierdraht kringeln und von hinten an die Mäuse kleben. Die Pompon-Nasen ergänzen, Gesichter und Ohren gestalten. Auf den Apfel setzen.

3 Die Seitenteile mit dem Mittelstreifen (53 cm x 12 cm) verbinden und den Laternenbügel einhängen.

Igel

→ mit eigenem Laubhaufen

MOTIVHÖHE
ca. 26 cm

MATERIAL

- Wellpappe in Braun, 50 cm x 70 cm
- Fotokartonstreifen in Dunkelbraun, 37 cm x 12 cm
- Fotokarton in Hellbraun, A4
- Fotokartonrest in Rosa
- Transparentpapier in Orange, A4
- Satinband in Dunkelrot, 3 mm breit, 4 x 15 cm lang
- Holzperlen in 4 x Hellbraun und 4 x Dunkelbraun, ø 8 mm
- gepresste Blätter
- Papierdraht in Hellbraun, 35 cm lang
- Lochzange

VORLAGENBOGEN 3A

1 Den Körper und den Kopf des Igels zweimal ausschneiden. Alle anderen Teile gemäß Vorlage fertigen. Die Nase ankleben und das Gesicht gestalten. Die Seitenteile mit Transparentpapier hinterkleben.

2 Mit der Lochzange Löcher für die Beine stanzen, die Füße ebenfalls mit je einem Loch versehen. Vier Perlen im Farbwechsel auf das Satinband fädeln, ein Ende an den Igel knoten, an das andere Ende je einen Fuß binden.

3 Die gepressten Blätter auf dem Igel arrangieren und festkleben. Die Ohren mittig einschneiden, etwas versetzt wieder zusammenkleben und auf dem Igel fixieren.

4 Die Seitenteile mit dem Mittelstreifen (37 cm x 12 cm) verbinden und den Laternenbügel einhängen.

Bunter Fisch und Delfin

→ lustige Meeresbewohner

MOTIVHÖHE
Bunter Fisch ca. 18 cm
Delfin ca. 18 cm

MATERIAL
BUNTER FISCH

- Fotokarton in Violett, 70 cm x 50 cm
- Fotokartonstreifen in Weiß, 53 cm x 12 cm
- festes Transparentpapier in Weiß, A3
- Transparentpapierreste in Gelb, Rosa und Orange
- Windowcolor in Glitzersilber
- Laternenbügel

DELFIN

- Wellpappe in Pink, A3
- Fotokartonstreifen in Pink, 58 cm x 12 cm
- festes Transparentpapier in Regenbogenfarben (Gelb-Rot-Verlauf), A3
- Fotokarton mit Wellenmotiv in Blau, A4
- Fotokartonrest in Lila
- Windowcolor in Glitzersilber
- Laternendraht

VORLAGENBOGEN 2A + 4B

Bunter Fisch

1 Alle Teile gemäß Vorlage zweimal ausschneiden. Das Gesicht mit Filzstift gestalten und schattieren.

2 Die Transparentpapierreste in ca. 2–3 cm große Stücke reißen, die Fischbäuche aus weißem Transparentpapier damit bekleben und diese von hinten an den Seitenteilen fixieren. Je eine Fotokartonflosse ergänzen.

3 Die Fische mit Glitzerlinien verzieren und gut trocknen lassen.

4 Die Seitenteile mit dem Mittelstreifen (53 cm x 12 cm) verbinden und den Laternenbügel einhängen.

Delfin

1 Alle Teile gemäß Vorlage zweimal ausschneiden. Die Wellen auf den seitlichen Bögen fixieren und den so entstandenen Rahmen mit Transparentpapier hinterkleben.

2 Den Delfin gestalten und auf den Sonnenuntergang kleben, dabei ein Stück der Schwanzflosse hinter einer Welle verstecken. Mit Windowcolor in Glitzersilber verzieren und gut trocknen lassen.

3 Die Seitenteile mit dem Mittelstreifen (58 cm x 12 cm) verbinden und den Laternenbügel einhängen.

Mond und Sternchen

→ leuchten um die Wette

MOTIVHÖHE
Mond ca. 25 cm
Sternchen ca. 26 cm

MATERIAL
MOND
- Fotokarton in Gelb, 50 cm x 70 cm
- Fotokartonstreifen in Gelb, 63 cm x 12 cm
- Wellpappe in Rot-Weiß gestreift, A4
- Transparentpapier in Gelb und Blau, A4
- Papierdraht in Rot, 2 x 15 cm lang
- Motivlocher: Stern (ø 1,4 cm und 2,5 cm)
- Laternenbügel

STERNCHEN
- Fotokarton in Beige, 50 cm x 70 cm
- Hologramm-Folie in Gold, ca. 50 cm x 60 cm
- Fotokartonstreifen in Gold, 70 cm x 12 cm
- Transparentpapier in Orange, A3
- Fotokartonrest in Rot
- Laternenbügel
- Klebepads

VORLAGENBOGEN 2B

Mond

1 Das Seitenteil und den Stern gemäß Vorlage zweimal zuschneiden. Die Seitenteile mit gelbem und blauem Transparentpapier hinterkleben und das Gesicht gestalten. Die blaue Fläche mit Sternchen verzieren.

2 Aus Wellpappe die Mütze zweimal zuschneiden. Einen gelben Stern an ein Papierdrahtstück kleben und von hinten an der Mütze befestigen. Auf den Mond kleben.

3 Die Seitenteile mit dem Mittelstreifen (63 cm x 12 cm) verbinden und den Laternenbügel einhängen.

Sternchen

1 Die Hologramm-Folie auf den beigefarbenen Fotokarton ziehen. Den Stern zweimal ausschneiden und mit Transparentpapier hinterkleben.

2 Das Gesicht mit Filzstift aufmalen, die Wangen rot schattieren. Aus Fotokarton Nase und Zunge fertigen, gestalten und mit Klebepads anbringen.

3 Die Seitenteile mit dem Mittelstreifen (70 cm x 12 cm) aus goldenem Fotokarton verbinden. Hierzu am rechten Zacken beginnen (siehe auch Vorlagenbogen) und an den Zackenspitzen und -tälern jeweils knicken. Den Laternenbügel einhängen.

DIESES BUCH ENTHÄLT 4 VORLAGENBOGEN

Hilfestellung zu allen Fragen, die Materialien und Bastelbücher betreffen: Frau Erika Noll berät Sie.
Rufen Sie an: 05052/911858*

*normale Telefongebühren

IMPRESSUM

MODELLE: Birgit Karl (Seite 10/11 oben, 14/15, 20/21, 24/25, 26/27, 28/29, 30/31) und Gudrun Schmitt (Seite 4/5, 6/7, 8/9, 10/11 unten, 12/13, 16/17, 19, 22/23)
FOTOS: frechverlag GmbH, 70499 Stuttgart; Fotostudio Ullrich & Co., Renningen
DRUCK: frechdruck GmbH, 70499 Stuttgart

Auflage:	5.	4.	3.	2.		
Jahr:	2012	2011	2010	2009	2008	[Letzte Zahlen maßgebend]

ISBN 978-3-7724-3689-5
Best.-Nr. 3689